# FLOTAR y HUNDIRSE

por Robin Nelson

Mi primer paso al mundo real

ediciones Lerner · Minneapolis

¿Qué cosas **flotan**?

¿Qué cosas **se hunden**?

Los patos flotan.

Las rocas se hunden.

Las plumas flotan.

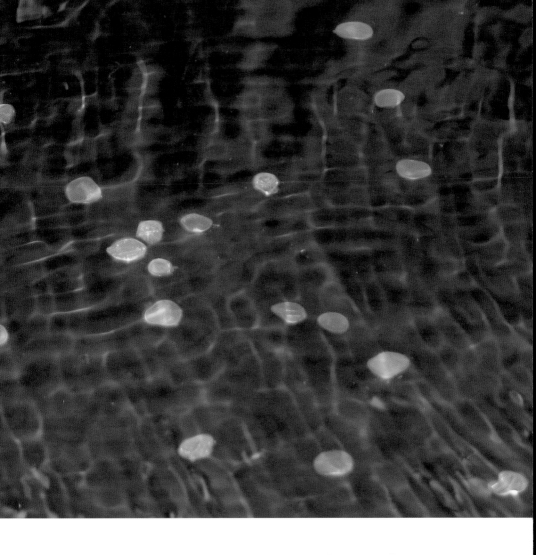

Las monedas se hunden.

Los barcos flotan.

Las **anclas** se hunden.

Las pelotas flotan.

Las cucharas se hunden.

Los **flotadores** flotan.

Los **anzuelos** se hunden.

Las burbujas flotan.

Los jabones se hunden.

¿Tú puedes flotar?

¿Tú puedes hundirte?

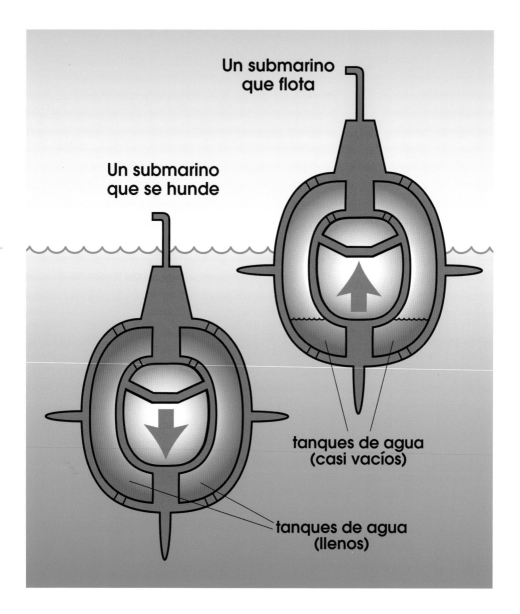

Un submarino
que flota

Un submarino
que se hunde

tanques de agua
(casi vacíos)

tanques de agua
(llenos)

# ¿Cómo flota y se hunde un submarino?

## Para hundirse

Los submarinos tienen grandes tanques. Los tanques pueden llenarse con agua. Los submarinos dejan entrar agua hasta que tienen la cantidad suficiente para hundirse.

## Para flotar

Los submarinos sacan el agua de los tanques. De esta manera, se vuelven más livianos y suben hasta la superficie. Así el submarino flota.

# Datos sobre flotar y hundirse

 La gravedad hace que las cosas se hundan en el agua. La gravedad es una fuerza que atrae las cosas hacia abajo.

 Un objeto flota si es más liviano que el agua que está debajo de él. Los objetos flotan porque el agua los empuja hacia arriba.

 Un objeto pequeño y pesado generalmente se hunde.

 Un objeto grande y liviano generalmente flota.

Un barco pesado puede flotar porque su peso se distribuye en un área grande. De esa forma, hay más agua que empuja al barco hacia arriba para que pueda flotar.

Es más fácil que un objeto flote en agua salada que en agua dulce.

Una pelota de hierro tardaría más de una hora en hundirse hasta el fondo de la parte más profunda del océano.

# Glosario

 **ancla:** un objeto pesado que mantiene a un barco en un lugar

 **anzuelo:** una pieza curva de metal que se usa para atrapar peces

 **flotador:** bola que sujeta el sedal de una caña de pescar

 **flotar:** mantenerse sobre la superficie del agua

 **hundirse:** ir hacia abajo en el agua

# Índice

La edición en español fue realizada por un equipo de traductores hablantes nativos del español de translations.com, empresa mundial dedicada a la traducción.

Las fotografías presentes en este libro se reproducen por cortesía de: PhotoDisc Royalty Free by Getty Images, portada, págs. 2, 16, 22 (segunda desde abajo); © Todd Strand/Independent Picture Service, págs. 3, 4, 6, 7, 11, 14, 15, 22 (inferior); © Elwin Trump, pág. 5; Stockbyte Royalty Free, pág. 8; © Ken Hoppen, págs. 9, 22 (superior); Corbis Royalty Free, págs. 10, 13, 17, 22 (segunda desde arriba); © Russell Graves, págs. 12, 22 (centro).
Ilustración de la pág. 18 de Laura Westlund/Independent Picture Service.

ediciones Lerner
Una división de Lerner Publishing Group, Inc.
241 First Avenue North
Minneapolis, MN 55401 EUA

Dirección de Internet: www.lernerbooks.com


Library of Congress Cataloging-in-Publication Data

Nelson, Robin, 1971–
    [Float and sink. Spanish]
    Flotar y hundirse / por Robin Nelson.
       p.   cm. — (Mi primer paso al mundo real. Fuerzas y movimiento)
    Includes index.
    ISBN 978–0–8225–7808–6 (lib. bdg. : alk. paper)
    1. Floating bodies—Juvenile literature.  I. Title.
QC174.5.N4518 2008
532'.25—dc22                       07000715

Fabricado en los Estados Unidos de América
1 2 3 4 5 6 — DP — 13 12 11 10 09 08